Burghard Bartos

Glücksmomente aus dem Garten

Burghard Bartos

einfach glückl ich

Glücksmomente aus dem Garten

Mit Fotografien von Alfred Karpf

Inhalt

Vorwort

Wer einen Garten hat, der hat es gut. Man kann dort einfach nur so sitzen, lauscht dem Wind und den Vögeln, sieht den Sonnenkringeln auf dem Teich zu und krümelt dabei mit den nackten Zehen im Sand.

Oder man geht durch den Garten, streichelt den Rosmarin und den Salbei, schnuppert an den Rosen – jede riecht anders –, geht hinüber zum Flieder, knipst ein paar Johannisbeeren vom Strauch, bückt sich zu einer leuchtenden Erdbeere hinunter oder reckt sich sogar zu einem Apfel. Und niemand kommt und vertreibt einen dafür aus dem Paradies. Ein Garten macht eben glücklich.

Man müsste den Garten mit ins Haus nehmen können. Den wilden Duft und die zarten Farben festhalten für die dunklen Tage im Jahr. Man müsste die ganze Süße des Sommers und den leuchtenden Herbst mit ins Haus nehmen können – auf Flaschen ziehen, in pralle Säcke füllen und in Gläser schrauben. Als Glücksgeschenke sozusagen, für uns selbst und für alle, die wir gernhaben.

Das geht nicht? Doch, doch, das geht und ist gar nicht schwer!
Und glücklich macht es obendrein.

Wie im Paradies

Du spürst,
wie die Blumen die köstlichen Düfte versenden,
und grübelst, wie aus so winzigem Ort
dieser Duftstrom mag kommen – und begreifst:
dass in solcher Mitte die Ewigkeit
ihre unvergänglichen Tore öffnet.

WILLIAM BLAKE

Unser Garten ...

... schenkt uns viel. Er spricht zu allen unseren Sinnen, er liefert uns Glücksgefühl und Wohlbefinden auf der ganzen Linie.

Ein Garten hält uns geistig fit. Ein guter Garten erfordert ein komplexes Management, damit alles das, was wir von ihm haben wollen, zur rechten Zeit vorhanden ist.

Ein Garten hält uns auch körperlich fit. Wir graben in der Erde und klettern auf Leitern, wir sägen und hacken, wir mähen und rechen, wir bücken und recken uns pausenlos. Wer zählt die Kilometer, die wir durch unseren Garten laufen? Und wer beschreibt das Vergnügen, am Morgen mit nackten Füßen durch das feuchte Gras zu stapfen?

Ein Garten hält uns seelisch fit. Wir haben eine Aufgabe, müssen für ihn sorgen. Denn immerhin treten wir ein großes Erbe an, wenn wir versuchen, unseren Garten Eden, unser ganz persönliches kleines Paradies rund ums Haus zu errichten.

Und ein Garten versetzt uns in Glücksstimmung. Der Brunnen dort im Schatten plätschert sanft wie eine Meditation. Die Vögel singen um ihr Revier die schönsten Lieder. Der Wind spielt in Blättern und die Wolken ziehen über uns hin.

Und in dem Garten stehen die Blumen und Sträucher in Farben und Düften, die schöner sind als alles, was Menschen machen.

Ein Garten schenkt uns viel. Wir können ihn sehen und riechen und schmecken. Und wenn wir es richtig anfangen, dann hilft uns der Garten, auch die Welt da draußen gut zu meistern.

Frühling lässt sein blaues Band

Frühling lässt sein blaues Band
wieder flattern durch die Lüfte.
Süße wohlbekannte Düfte
streifen ahnungsvoll das Land.
Veilchen träumen schon,
wollen balde kommen.
Horch, von fern ein leiser Harfenton!
Frühling, ja du bist's!
Dich hab ich vernommen!

EDUARD MÖRIKE

Der Klang des Windes

Wenn wir genau hinhören: Ach, wie schön ist doch das Lied des Windes! Wenn er sanft über die Wiese streicht, zärtlich an den Blättern spielt. Wenn er die Espen zittern lässt, die Birken biegt und an den Eichen zerrt.

Und wer es gerne noch bewusster wahrnimmt: Selbst zarte Bewegung lässt sich mit einem Glockenspiel hörbar machen. Wobei die »Glocken« am besten ganz natürlich sind, aus Bambusröhren, Muschelschalen oder hohlem Stein. Ganze Xylofone lassen den Wind mit sich spielen. Wenn sie nur hauchfein im Ton sind. Dann klappt es nicht nur mit dem Nachbarn, sondern auch mit unserer Entspannung.

Die Stille des Wassers

In keinem berühmten Garten fehlt das Wasser. Ob in China, in Japan oder im Orient. Wasser ist der Urgrund des Lebens. Doch wir brauchen das Wasser nicht nur zum Trinken, wir möchten es nicht nur fühlen und sehen, wir wollen dem Wasser nun lauschen.

Keine noch so ausgetüftelte Stimmungsberieselung der Musikindustrie gibt dem Gemüt diesen stillen inneren Frieden. Das leise Plätschern eines kleinen Brunnens mitten in einem schattigen Innenhof macht uns ruhig und gelassen. Das zarte Bachgeriesel unter einer Weidenkrone lässt uns die Zeit vergessen. Wir müssen nur still sein, müssen zuhören.

Stille ist Absichtslosigkeit. Um die Stille zu genießen, reichen schon ein paar Regentropfen, die auf der spiegelnden Fläche des Teichs zerplatzen. Oder ein fadendünner Wasserstrahl, der im Brunnenbecken zergeht und unsere kleinen und großen Sorgen eine Zeit lang mit sich nimmt.

Der Zauber des Lichts

Während der Arbeit im Garten entspannt der Kopf. Nach getaner Arbeit entspannt der Körper. Wir sitzen still und kommen ins Grübeln. Die Dämmerung bricht herein. Da tut es gut, sanfte Beleuchtung zu haben. Kerzen, Lampions, Öllampen verschönern uns den Abendhimmel. Und die Nase? Wo sind die Wohlgerüche Arabiens?

Selbst gemachte Kerzen und ihre Dochte lassen sich sehr gut mit Duftöl parfümieren. Öllampen leuchten nicht allein mit Petroleum, sondern auch mit selbst gemachten Duftölen. Und weil wir den Garten ja nicht allein bewohnen, sondern manchmal auch umgeben sind von lästigen Mücken und Zecken, ist es tröstlich, dass Pflanzendüfte uns die kleinen Vampire vom Hals halten können.

Übrigens: Es gibt viele Mittel gegen Mücken. Leider helfen nicht alle überall. Aber der Garten bietet einiges an Gegenwehr.

Am Haus: Der Geruch von Tomatenpflanzen vor den Fenstern und dem Wintergarten hält Mücken fern.

Auf der Haut: Der Geruch von Lorbeeröl oder Lavendelöl auf der Haut wehrt Mücken ab.

Wenn es zu spät ist: Hat die Mücke erst einmal gestochen, braucht es Mittel gegen die Entzündung. Ein, zwei Blätter von der Ringelblume zwischen den Händen zerrubbeln und den Saft vorsichtig auf die Stichstelle tupfen.

Schön ist die Rose, schöner scheint sie noch
durch jenen süßen Duft, der in ihr lebt.
Wildrosen haben gleicher Farben Glut,
sie gleichen Dornen wie die duft'gen Rosen,
sie spielen mit dem gleichen Übermut,
wenn Winde sie enthüllen und umkosen.
Doch ihre Tugend ist nur ihr Gesicht,
sie leben ungeliebt, verblühn am Strauch
und sterben zwecklos – das tun Rosen nicht,
aus ihrem süßen Tod strömt süßer Hauch.
So, schöner Liebling, wenn die Jugend flieht,
strömt deiner Treue Duft aus meinem Lied.

WILLIAM SHAKESPEARE

Die Rose

lat.: Rosa

Wer kann heute schon sagen, wie Aphrodite in die Welt gekommen ist, die Göttin der Schönheit und Liebeskunst? Aber eins weiß die Sage ganz gewiss: Als Aphrodite dem Meer entstieg, verwandelte sich der Schaum auf ihrer Haut in weiße Rosenblüten.

Und es liegt in der Natur der Rose: Was schön ist, das macht auch schön. Zu allen Zeiten schmückten sich die Damen mit Rosen. Sie trugen Rosen im Haar, am Kleid und auf dem Schleier oder wo auch immer es ihnen gefiel.

Die letzte Pharaonin von Ägypten, Kleopatra, war wirklich auf Rosen gebettet, auf duftenden Kissen voller Rosenblätter. Haremsdamen betupften sie mit dem gerade im Orient erfundenen kostbaren Rosenöl.

Reiche Römer tafelten auf fußhohen Teppichen aus Rosenblüten.

Die Felder mit Rosenbüschen reichten in den römischen Provinzen bis an den Horizont, um die ungeheure Verschwendungssucht mit Rosenblüten zu befriedigen. Der Duft von Millionen frischer Blüten der Damaszenerrose muss den Pflückerinnen bis heute fast den Atem nehmen.

Duft macht glücklich

Düfte sind die Gefühle der Blumen.

HEINRICH HEINE

Blumen im Garten!
Antwortet mir mit Düften statt mit Worten;
ich darf nicht andre Gegenred' erwarten.

FRIEDRICH RÜCKERT

Er ist schon wunderbar, unser Geruchssinn. Ein Hauch von Rosenduft, eine Spur Jasmin – schon hängt die ganze Welt voller Geigen. Es sind die kleinen Dinge, die uns Vergnügen machen – und was gibt es Kleineres für uns Menschen zu erleben als ein paar winzige Geruchsmoleküle?

Die Wissenschaftler erzählen uns, dass Gerüche nicht etwa über den Umweg Vernunft und Berechnung zu uns kommen, sondern gleich an der Hirnrinde vorbei ins »Riechhirn« geleitet werden. Das geht nicht nur schneller, sondern funktioniert auch ohne jeden Schutzwall. Gegen Gerüche kann man sich höchstens mit einer Nasenklammer wehren.

Wir können also Düfte ganz gezielt einsetzen, um eine bestimmte Stimmung in uns zu wecken. Ein romantischer Rosenduft im Bad, ein herber Wacholderduft neben dem Kamin oder ein kleiner Veilchenkranz auf dem Frühstückstisch? Wir wollen mit den Düften spielen.

Was liegt also näher, als sich jeden Tag mit den herrlichsten Düften zu umgeben. Und welche sollen das sein? Das wollen wir selbst herausfinden, am besten in unserem Garten. Und zwar jeden Tag von Neuem.

Wohlige Atmosphäre

Potpourri

Das Wort stammt aus dem Französischen
und bedeutet »Allerlei« oder »kunterbunt«.

Macht das nicht Laune: in einen Raum zu kommen, in dem uns eine große
Schale mit einem Duft von Rosenblättern oder Lavendelblüten empfängt,
mit würzigem Lorbeer und herbem Salbei?

Haben Sie eine große Schale, ein schön geflochtenes Weidenkörbchen, eine
hübsche kleine Kiste? Perfektionisten nehmen sogar eine Potpourri-Vase mit
durchbrochenem Deckel, durch den die Düfte ins Zimmer strömen, ohne
dass das Potpourri darin einstaubt.

Zuerst müssen alle Blüten, alle Blätter und Stängel trocknen. Es gibt elek-
trische Trockengeräte, aber die Klosterschwestern trocknen Kräuter bis auf
den heutigen Tag auf Holzrahmen, die mit fast durchsichtigem Nessel be-
spannt sind. So entzieht die Luft mindestens drei Wochen lang dort oben
auf dem Trockenboden den Blättern von allen Seiten ihre Feuchtigkeit.

Bleibt auch nur eine Zutat etwas feucht, kann alles schimmeln und ist verdorben. Dann werden Blüten und Blätter in einer großen Schüssel vorsichtig gemischt, damit nichts zerbröselt. Bei stacheligen Blättern oder Stängeln oder Blüten schützt ein Holzlöffel die Finger.

Je nach Größe der Schale braucht es eine ganze Menge an Blüten und Blättern. Darum ist es gut, etwas Buchsbaumschnitt als Unterlage und Füllmasse zu verwenden. Ihn gibt's immer reichlich nach dem Heckenschnitt zum Sommeranfang, auch er muss selbstverständlich getrocknet werden. Sein Duft unterstreicht und verstärkt das Potpourri.

Und da man mit Düften wunderbar spielen kann, lassen sich jeden Tag neue Mischungen erfinden. Was der Garten gerade hergibt – alles ist möglich und darf probiert werden. Nicht lange, dann ist das Lieblings-Potpourri für jede Jahreszeit gefunden. Wichtig ist immer, dass sich der Duft gut ausbreiten kann. Wer es noch stärker duftend haben möchte, der rundet das Potpourri mit ein paar Tropfen Aromaöl ab – selbst gemacht, versteht sich. Lässt der Duft langsam nach, wird er mit ein paar frischen Blättchen oder ein paar Tropfen Weinbrand aufgefrischt.

Diese Pflanzen sind auch nach dem Trocknen in Potpourris hübsch anzusehen und duften herrlich:

Artemisie	Zweiglein
Basilikum	Blütenrispen
Eberraute	Blätter
Efeu	Beerentrauben
Ilex	Blätter und Triebspitzen
Kamille	Blüten
Lavendel	Blüten und Blätter
Minze	Blätter
Petersilie	krause Blätter
Pfefferminze	Stängel und Blätter
Rosen	Knospen und junge Blüten
Rosmarin	Zweiglein und Blütenstände
Thymian	Zweiglein und Blütenstände
Waldmeister	Stängel und Blätter
Zitronenmelisse	Blätter und Blütenstände

Pomander

Vor langer Zeit waren Pomander kostbare, kleine Döschen aus Gold, Silber oder Elfenbein. Sie waren fein durchbrochen, denn darin wurden die teuersten Gewürze um den Hals oder an den Gürtel gehängt, damit ihr Duft erfrischt und vor Krankheiten schützt. So machten es die Reichen und Mächtigen im Mittelalter, und noch Königin Elisabeth I. von England schmückte sich mit einem Pomander.

Heute werden Pomander aus Äpfelchen oder Apfelsinen gemacht – gespickt und eingelegt – und duften fast noch besser. Und wer sie nicht um den Hals tragen will, der legt sie auf kleine Kristallschalen oder hängt sie im Zimmer auf.

Und so werden Pomander gemacht:

Wir brauchen kleine Äpfel mit festem Fleisch, Boskop zum Beispiel oder Cox Orange.
Wer ein Orangen- oder Zitronenbäumchen im Wintergarten hat,
nimmt davon die Früchte.

Mit einer Stricknadel werden Löcher in den Apfel gestochen und dort hinein
Gewürznelken gesteckt. Am besten Nelken, die noch das Knospenköpfchen tragen –
und es dürfen ruhig ein paar mehr sein.

Wer will, kann seinen Pomander obendrein beizen in einer Mischung aus

100 g Zimt, gemahlen
50 g Gewürznelken, gemahlen
20 g Nelkenpfeffer, gemahlen (Piment oder Neugewürz)
20 g Muskat, gemahlen
30 g Iriswurzel, gemahlen

Alle drei Tage wird der Pomander darin gewendet. Nach zwei, drei Wochen ist
er völlig trocken, ein gutes Stück kleiner geworden, duftet wunderbar und sieht aus
wie ein kleiner, zusammengerollter Igel. Jetzt ist er fertig.

Wenn sein Aroma nach Monaten vergeht, wird er entweder in der Gewürzmischung
»aufgeladen« oder im Ofen durchgewärmt. So duftet ein Pomander jahrelang.

Duftsträuße und Kränze

Duftsträuße sehen nicht nur hübsch aus, sie sind auch ein wunderbares Geschenk. Denn warum soll die beste Freundin nicht einen wohltuenden, ganz persönlichen Gruß aus unserem Garten im Haus haben? Noch mehr Eindruck macht natürlich ein selbst gewundenes Duftkränzchen. Kränze sind ein Symbol der Ewigkeit und des Neubeginns. Und wer die Kräuter, die Blüten und Zweige richtig auswählt, bekommt ein duftendes Schmuckstück für Türen, Fenster und Wände.

Grundlage ist ein Ring aus Stroh oder aus feinem Weidengeflecht. Mit Blumendraht oder Nylonfaden (Vorteil: kein Rost!) wird ein erster Streifen aus Kräutern in einer Spirale darum gewunden. Daneben ein andersfarbiger Streifen und dann vielleicht ein dritter oder vierter, bis alles Stroh oder Weidengeflecht bedeckt ist. Hierfür stark duftendes Material verwenden.

Zuletzt lassen sich mit einzelnen Blüten oder Mini-Sträußen noch Akzente setzen. Hier sind Traubendolden hübsch, roter Stechapfel, grüner oder schwarzer Efeu, gelbe Hagebutten und orangerote Ebereschen ... Weil Rosmarin die Erinnerung stärkt, sind Rosmarin-Kränze als ständig duftende Erinnerung ein schönes und nützliches Geschenk.

Blumen sind die schönen Worte
und Hieroglyphen der Natur,
mit denen sie uns andeutet,
wie lieb sie uns hat.

JOHANN WOLFGANG VON GOETHE

Im Garten

Die hohen Himbeerwände
trennten dich und mich,
doch im Laubwerk unsre Hände
fanden von selber sich.

Die Hecke konnt' es nicht wehren,
wie hoch sie immer stund:
Ich reichte dir die Beeren
und du reichtest mir deinen Mund.

Ach, schrittest du durch den Garten
noch einmal im raschen Gang,
wie gerne wollt' ich warten,
warten stundenlang.

THEODOR FONTANE

Kleine Düfte, große Wirkung

Duftkissen

Aus leichtem Baumwollstoff lassen sich schnell ein paar kleine Säckchen schneidern, die mit Kräutern und Blättern gefüllt werden. Sie haben vielerlei Verwendung. Zunächst einmal sehen sie hübsch aus.

An Türgriffen oder Schrankknöpfen erfüllen sie den Raum mit ihrem Duft. **Auf dem Kopf**kissen nehmen sie den Kopfschmerz oder helfen beim Einschlafen.

Auf Reisen helfen sie gegen muffelige Hotelzimmer und verräucherte Leihwagen. Und dem Reisekoffer verhelfen sie zum vertrauten Duft.

Und dass sie obendrein die Motten von Kaschmir, Mohair und Pelz fernhalten, hat ja auch eine beruhigende Wirkung auf unser Gemüt.

Ein hübsches Stück Stoff von etwa 20 mal 40 Zentimetern in der Hälfte falten, an zwei Seiten zunähen, mit Kräutern füllen und die dritte Seite zunähen.

Wer will, näht auf links mit hübscher Borte oder setzt einen Reißverschluss ein oder Klettband. Wenn dann der Duft nachlässt, kann das Kissen schnell neu befüllt werden. In manchen Museen finden sich die schönsten Duftkissen, bestickt mit den Kräutern, die sie enthalten, oder mit Sinnsprüchen oder mit ganzen Figuren-Szenen für den Zweck, dem sie dienen sollen. Natürlich lässt sich so etwas nachmachen.

Und so werden Duftkissen gemacht:

Ein Migräne-Kissen wird mit der Mischung aus Lavendel, Majoran und Melisse gefüllt.

Ein Mottenschreck-Kissen. Zum Glück haben Kleidermotten unendlich feine Nasen und legen keine Eier, wo es ihnen stinkt. Und da nur die Maden Wolle fressen, kann die Gefahr für Edel-Klamotten mit den passenden Gerüchen gebannt werden. Zur Sicherheit sollte eine Duftkomposition gewählt werden. Lavendel, Majoran und Waldmeister geben eine gute Mischung. Andere schwören auf die Kombination aus Eberraute, Rosmarin und Salbei. Leider können wir die Motten nicht fragen.

Ein Gute-Nacht-Kissen. Was gibt es Beruhigenderes als Hopfen? Wenig, das sieht man an jedem gemäßigten Biertrinker – eine gepflegte Flasche Bier vor dem Zubettgehen ist ein bewährtes Hausmittel gegen Schlaflosigkeit. Leider macht Einschlaf-Bier dick. Gar keine Kalorien hat dagegen ein kleines Hopfenkissen. Es sieht hübsch aus auf dem Kopfkissen, abends kuschelt man sich hinein und sein Duft verhilft zu einem entspannten Schlaf. Wer also keine Hopfenpflanze hat, der kaufe sich eine. Und wer schon eine hat, pflückt im Herbst die reifen Hopfenzapfen. Hopfenpflanzen gibt es in jeder Gärtnerei. Wer einmal Hopfen im Garten hat, hat ausgesorgt, denn Hopfen wuchert.

Lavendelflaschen

Lavendelflaschen haben zwar nichts mit Flaschen zu tun, dafür aber umso mehr mit Lavendel und seinem herrlichen Duft.

Was Rosmarin für den Geist,
ist Lavendel für die Seele.

SPRICHWORT

Und so werden Lavendelflaschen gemacht:

Wir brauchen eine Handvoll Lavendelstängel, kurz vor der vollen Blüte –
dann sind sie am besten und krümeln später nicht. Unter den Blütenrispen
werden alle Stängel zusammengebunden. Dann werden alle Stängel zu einer Art Käfig
nach hinten um die Blütenrispen geklappt.

Entweder binden wir mit einer schönen Schleife unten alles zusammen.
Oder, was noch hübscher ist, wir stecken ein schmales Samtbändchen mal über,
mal unter den Stängeln durch wie einen Kettfaden beim Weben.

Ein kleiner Aufwand ist das schon, aber es sieht dann eben herrlich vornehm aus!
Es geht jedoch natürlich auch einfacher, denn die Wäsche, die Blusen und Hemden
und die leinenen Handtücher duften so oder so lavendelfrisch.

Der Duft der Dinge ist die Sehnsucht,
die sie in uns nach sich erwecken.

CHRISTIAN MORGENSTERN

Der Lavendel

lat.: Lavandula angustifolia

Es braucht nur ein paar Lavendelblüten, schon ist die Erinnerung wieder da an die sonnendurchglühte Haut. Die Provence! Ihre leuchtend violetten Lavendelfelder und der Lavendelduft der Bettwäsche, der einem in jedem kleinen Gasthof das Zimmer auch im Hochsommer so frühlingsfrisch macht.

Lavendel überall – im kantigen Seifenklotz, im Massage-Öl, als kühlendes Eau de Lavande auf der Stirn oder im Nacken, ohne Lavendel ist die ganze Provence ja überhaupt nicht denkbar.

Zum Glück gibt es robuste Lavendelsorten, die auch nördlich der Alpen überleben und gut duften. Und da Lavendel am liebsten neben Rosen steht, haben wir ihn sowieso im Garten.

Badelust und Lebensfreude

Eine Frau ohne Geheimnisse
ist wie eine Blume ohne Duft.

MAURICE CHEVALIER

Jedes Bad ist eine leibliche Wiedergeburt.

DEMOKRIT

Warum sollen wir es nicht halten wie die feinen Damen im alten Rom, die sich von ihren Sklavinnen ein Bad mit zarten Rosenblättern bereiten ließen? Vorausgesetzt natürlich, wir haben frische Zutaten im Garten, zum Beispiel ein paar betörend duftende Rosen.

Aber es gibt auch anregende Bäder, die wieder frisch machen und Energie geben für ein wichtiges Gespräch. Oder Bäder, die einen den Tag vergessen lassen und in tiefen, erholsamen Schlaf schicken. Oder gar Bäder, die aphrodisierend wirken. Wichtig bei allen Bädern, die der Haut edles Öl spenden sollen, ist Milch.

Die Milch dient als Emulgator, sie verbindet das Öl mit dem Badewasser. Ohne die Milch würde das Öl nur auf der Wasseroberfläche schwimmen und käme nicht an die Haut. Und wer gerade keine Eselsmilch zur Hand hat wie Königin Kleopatra von Ägypten, behilft sich mit Vollmilch, damit die Haut ganz nebenbei geschmeidig wird, während man wohlig entspannt in der Wanne liegt.

Entspannung für den Körper

Ein Baldrian- und Melissen-Bad beruhigt und macht herrlich schläfrig. Was ist schöner, als wenn sich die Anspannung des ganzen Tages in einem heißen Wannenbad auflöst, wenn die Muskeln weich und geschmeidig werden, der Kopf frei ist und man glaubt zu schweben?

Nichts entspannt besser als ein Bad mit Baldrian und Melisse. Dazu ein paar Handvoll Blätter der Kräuter in einen Badebeutel füllen und unter den Wassereinlauf der Badewanne hängen. Wer es stärker mag, kocht sich aus den Blättern einen Sud und gibt ihn in die Wanne.

Ein Wacholder-Bad hilft bei Muskel- und Ischiasschmerzen. Wacholderbeeren müssen übrigens drei Jahre am Strauch reifen, bis sie schwarz sind. Dann sollte man sie erst pflücken.

125 g Wacholderbeeren und ein Wacholderzweiglein dazu über Nacht in 3 l Wasser ansetzen, am nächsten Tag aufkochen und durchgeseiht (sonst sitzt man unbequem) ins Badewasser gießen.

Ein Gärtnerinnen-Bad hilft, wenn ein übler Muskelkater droht,

weil man zum Beispiel ausgepowert nach der Gartenarbeit ins Haus kommt.

Wir knipsen drei, vier Zweige vom Rosmarin und ein paar Handvoll Minzeblätter ab.

Die Rosmarinnadeln werden stielabwärts

in einen Leinenbeutel gerebelt und die Minzeblätter kommen dazu. Herrlich,

wie jetzt schon die Hände duften, die Müdigkeit ist fast verflogen.

Jetzt noch 1 kg Salz in den Beutel – Meersalz ist besser als Siedesalz wegen

der Mineralien, Salz vom Toten Meer am allerbesten. Dieser Beutel wird in die

Badewanne gehängt – und Wasser marsch!

Nach dem Bad etwas Öl auf die Haut, das mit Rosmarinzweigen aromatisiert ist.

Und dann eine Stunde in warmen Tüchern ruhen. Herrlich!

Wilder Wachholder!
Du wächst im Wald im Winter wie im Sommer;
mein Holder schläft, ich ruf umsonst: Wach Holder!

FRIEDRICH RÜCKERT

Wenn aber einer die Kräfte und Arten und Namen
der Minze samt und sonders zu nennen vermöchte,
so müsste er gleich auch wissen, wie viele Fische im
Roten Meer wohl schwimmen oder wie viele Funken
Vulkanus, der Schmelzgott aus Lemnos, schickt in
die Lüfte empor aus den riesigen Essen des Ätna.

WALAHFRID STRABO

Gutes für die Haut

Ein Holunderblüten-Bad sorgt für frische Farbe und gesunde, glatte Haut.
Der Holunder ist ein Menschenfreund. Er lebt gern am Haus. Holunder mag
Kinderlachen und Hundegebell, um sich wohlzufühlen. Dann bedankt er sich mit
üppigen Blüten und trägt tiefblaue Beeren in dicken Dolden.

Ein Dutzend schöne Holunderblütendolden einen Tag lang in 1 l Vollmilch legen. Dann
ab damit in die Wanne voll wohlig warmen Wassers und dann selbst hinein.
Und das mindestens eine Woche lang jeden Tag.

Nebenbei: Aus Holunderblüten lassen sich mit Ausbackteig wunderbare Hollerküchel
in Öl ausbacken, aus den Beeren wird Hollermus gekocht oder süßer Saft,
eine herrliche Erkältungsmedizin. Aber Vorsicht, roh gegessen ist Holunder giftig!

Ein Brombeerblätter-Bad reinigt die Poren und glättet die Haut.

Ein Birkenblätter-Bad entfettet die Haut, desinfiziert sie und hilft so bei
Hautunreinheiten.

Dorfstille

Holunderduft liegt auf der Dorfesgasse –
die Hüttenfenster gleißen sonnenbunt.
Die Büsche schatten breit – es fliegen blasse
und volle Blüten schwebend hin im Rund.

Die Kirche ragt im goldengrünen Dämmern
der Linden, die sie überdrängen breit.
Nur aus verlorner Ferne dringt ein Hämmern,
als sei's der Herzschlag dieser Einsamkeit ...

Sonst alles klangtot!, und die Mittagsstille
liegt wie mit erz'nen Flügeln überm Land –
ich glaube fast, man hört es, wenn die Hülle
der Blätterknospen sprengt ihr bräunlich Band ...

Ich glaube fast, man hört es, wenn im Neste
die Schwalbe sich im Mittagsschlafe regt
und wenn ein Bienlein durch die Lindenäste
die Würze tropfend aus den Blüten trägt ...

ALBERTA VON PUTTKAMER

Balsam für die Psyche

Ein Rosmarin-Bad regt an und macht wieder frisch für neue Aufgaben.

Wer nach einem langen, schweren Tag vollkommen fertig nach Hause kommt und
dann zu allem Überfluss noch einen späten, anspruchsvollen Abend vor sich hat,
mit Theater vielleicht, mit Konzert oder sogar mit Einladung beim Chef,
der braucht etwas wirklich Starkes.

Ein Rosmarin-Bad! Rosmarin belebt mit seinem würzigen Duft, seine Öle fördern die
Durchblutung der Haut – und Rosmarin macht den Kopf frei.

Wer frische Rosmarinzweige auch nur leicht mit den Händen berührt,
der wird ans sonnendurchglühte Mittelmeer erinnert. Solch ein Duft ist einzigartig.

Und wer ein Säckchen mit frischen oder trockenen Rosmarinzweigen ins Badewasser
hängt, steigt wie neugeboren aus der Wanne.

Ein Brennnesselblätter-Bad belebt und durchblutet den ganzen Körper.

Junge Triebe besitzen noch keine Brennhaare und sind damit übrigens auch wunderbar im Salat oder einem Omelette zu genießen. Ansonsten gilt beim Pflücken:

Ein Lindenblüten-Bad hilft gegen Stress und geistige Überanstrengung.

500 g Lindenblüten, am besten frisch gepflückt, in 2 l Wasser aufkochen und darin eine halbe Stunde abkühlen lassen. Alles ins warme Badewasser schütten, die Haut tüchtig damit abrubbeln und dann im Wasser 20 Minuten entspannen.

Wenn ihr an Nesseln streifet,
so brennen sie;
doch wenn ihr fest sie greifet,
sie brennen nie.

FRIEDRICH RÜCKERT

Luxus für die Seele

Poesie ist wie ein Duft,
der sich verflüchtigt und dabei in unserer Seele
die Essenz der Schönheit zurücklässt.

JEAN PAUL

Ein Rosenblüten-Bad pflegt die Haut, entspannt sanft und bei mancher Art von Kopfschmerz hilft es auch. Ein, zwei Hände voller Rosenblätter in einem Viertelliter Vollmilch erwärmen. Ein paar heilende Kamillenblüten dazu und einen Löffel milden Honig. Das macht die schöne Emulsion.

Alle Zutaten kommen erst ins Badewasser, wenn die Wanne fast voll ist.

Und fürs Auge wird noch eine Handvoll Rosenblätter in die Wanne gestreut, denn schon die Alchemisten des Mittelalters befanden: Eine weiße Rose kann Blei in Silber verwandeln, die rote Rose aber wandelt Silber in Gold. Damit ist klar, welche Rosenblüten der Ästhetik halber ins Badewasser gehören.

Doch je stärker der Duft der Blütenblätter, desto duftiger wird die Haut. Das wussten die feinen Orientalinnen schon lange. Zum Baden bevorzugten sie nämlich die Blüten und Öle der Damaszenerrose, die schon in der Antike wegen ihres berauschenden Duftes kultiviert wurde.

Ein Bad für alle Sinne erfreut Kreislauf, Geist und Körper.

Die Mischung macht's: Ein Tee, aufgebrüht aus schwarzen Wacholderbeeren, Rosmarin und Salbei, im Badewasser regt nicht allein den Kreislauf an. Und dazu vielleicht noch der passende Traummann und ein Glas Prosecco ...

War das die Liebe?

War das die Liebe, die mich gestern streifte
wie eines seidenen Gewandes Atem
im Dunkel, wie ein windvertragner Duft,
wie Harmonien aus der blauen Nacht,
woher, du weißt es nicht, doch stockt dein Blut
und horcht in die Geheimnisse der Dinge ...
und all dein Wesen flutet zögernd aus,
du fühlst dich wie ein Strom die Welt durchrinnen
und ahnst doch noch ein Mehr-als-diese-Welt,
wie hinter feiner Schleier Wehr noch wartend,
ein Himmelreich voll Blüten, Früchten, Sonnen,
und lächelnd winkt, die dich so sehr gerührt.

CHRISTIAN MORGENSTERN

Kleines Gartenorakel
zum Thema Liebe

Baldrian

Eine Baldrian-Wurzel in der Hosentasche hilft, wenn man sein Mädel im Arm hält und flüstert: »Baldrian, greif an!«

Gänseblümchen

Begierig zupfen wir die kleinen Blättchen und zählen mit:
Er liebt mich von Herzen,
er liebt mich mit Schmerzen,
er liebt mich ein wenig,
er liebt mich fast gar nicht.

Pusteblume

Pusten ja – aber gut dosiert. So ein Orakel muss schließlich wissen, was es raten soll. Wie viele Früchtchen bleiben am Stängel hängen? So viele Jahre noch bis zur Hochzeit, bis zum ersten Kind, bis zur Scheidung!

Spitzwegerich

muss nur rasch entzweigerissen werden – so viele Fäden heraushängen, so viele Jahre dauert es bis zur Hochzeit.

(Die Reste kocht man mit wenig Wasser langsam aus, filtert durch, tut tüchtig Zucker dazu und bekommt wunderbare Hustenbonbons.)

Geheimnisse der Schönheit

Schönheit ist Ewigkeit,
die sich in einem Spiegel anblickt.

KHALIL GIBRAN

Unsere Haut ist unser größtes Organ. In gereizter Atmosphäre fühlt sich niemand wohl, in gereizter Haut auch nicht. Der Haut geht es ähnlich wie der Seele, meistens fehlt ihr Pflege. Die Welt ist zu harsch und zu trocken. Zum Glück können wir hier nachhelfen.

Etwa mit Öl. Öl will fließen, macht geschmeidig, Öl schützt vor Austrocknung und Reizung, Öl verhütet Blasen, Entzündungen und Sonnenbrand. Trockene, stumpfe Haut wird mit Öl wieder seidig und weich. Risse verheilen, Feuchtigkeit wird gespeichert und die Haut glättet sich von innen.

Diese Wirkung lässt sich deutlich verstärken, wenn wir dem Öl wichtige Inhaltsstoffe zufügen. Wir legen Samen oder Blätter und Zweige aus dem Garten in das Öl. Dann wird aus einem ganz normalen Öl ein anregendes oder beruhigendes oder entspannendes Massageöl.

Die alte Kunst von Ölen und Blättern

Schützende Öle

Reine Kräuter- oder Blütenöle aus der Apotheke sollten nur verdünnt auf die Haut gebracht werden, sie reizen sonst zu stark. Sanfte Öle wollen wir also herstellen, und dafür bedienen wir uns aus dem Garten.

Wir geben also Kräuter, Samen, Blüten hinein. Wenn Kräuter noch viel Wasser enthalten, verkürzt sich die Haltbarkeit, sonst schimmeln sie sogar unter Öl – also bitte nach einer Woche filtern.

Öle sollen nicht dem Licht ausgesetzt sein; es ist besser, sie in dunklen Gläsern aufzubewahren oder besser noch im Schrank.

Und jeder Ansatz braucht ein eigenes Etikett mit Datum. Denn selbst die allerbesten Öle werden ranzig. Als Faustregel gilt: längstens bis zur nächsten Ernte benutzen, also höchstens ein Jahr lang.

Rosmarin-Öl wird aus den Spitzen der Blütenrispen gewonnen. Es fördert die Durchblutung äußerlich und innerlich, hilft bei Muskelschmerzen und nach starker Beanspruchung.

Fichten- und Kiefernnadel-Öl lindert Muskel- und Gelenkschmerzen und den Fußschweiß.

Wacholderbeer-Öl wirkt stark durchblutungsfördernd, besonders bei rheumatischen Schmerzen, und soll deshalb nur äußerlich angewandt werden.

Kamillenblüten-Öl hilft bei Erkältungsbeschwerden. Ein paar Tropfen in einer Schüssel mit heißem Wasser und unter einem Handtuch darübergebeugt, helfen den armen Bronchien.

Melissen-Öl beruhigt und lindert Krämpfe.

Pfefferminz-Öl kühlt, beruhigt und wirkt leicht betäubend. Bei Erkältung Brust und Rücken einreiben. Oder einen Teelöffel voll mit kochendem Wasser aufgießen und die Dämpfe einatmen.

Jasminblüten-Öl beruhigt die Nerven, hellt die Stimmung auf und verbreitet Vertrauen. Genauso wie der süße, schwere Duft der Blüten soll das Öl aphrodisisch wirken.

Rosen-Öl aus Enfleurage (siehe Seite 76) oder Mazeration (siehe Seite 82) ist nach Ansicht der Apotheker das beste aller Rosenöle. Aus 1000 Kilogramm Blüten erhält man allerdings nur winzige 200 Gramm reines Rosenöl – das hat dann natürlich seinen Preis. Rosenöl hilft bei Kopfschmerzen und entspannt bei Regelbeschwerden. Und wie schon das Riechen an einer Rosenblüte, soll Rosenöl die Melancholie besiegen. Die Chinesen verwenden Rosenöl bei Leberproblemen, die Hindus halten es für ein starkes Potenzmittel.

Thymian-Öl hat stark desinfizierende Wirkung. Es ist deshalb in vielen Mundwässern enthalten und hilft bei Hautunreinheiten.

Lavendel-Öl wehrt nicht nur aktiv Mücken ab, ein paar Tupfer davon lindern auch die Entzündung nach dem Stich. Äußerlich verbessert das Öl die Durchblutung und soll sogar Haarverlust bremsen.

Die Enfleurage

Wer sein Öl etwas stärker haben will – und wer wollte das nicht –, kann auf einen alten Trick zurückgreifen. Bevor die Destillation von Pflanzen- ölen im Orient erfunden wurde, nutzten die Parfümeure die Enfleurage, um konzentrierte Öle zu gewinnen. Dazu wurde eine Glasscheibe mit sauberem Schweineschmalz bestrichen und dicht an dicht mit Blüten oder Blättern »beklebt«. Das Schmalz saugte die Düfte auf. Und alle zwei, drei Tage wech- selte der Parfümeur die Blüten oder Blätter aus. War der Duft endlich stark genug, wurde er mit Alkohol aus dem Schmalz gelöst.

Dasselbe lässt sich mit Öl tun. Klassischerweise wird hier Olivenöl ver- wendet; wer das Öl selbst lieber ganz duftneutral haben möchte, kann auch Raps- oder Sonnenblumenöl nehmen. In ein Glas mit dem Öl werden Blü- ten, Blätter oder Zweige eingelegt und im Wochenabstand ausgewechselt, bis die Duft- und Wirkstoffe im Öl stark genug konzentriert sind.

Glanz im Haar

Wer sich vielseitig ernährt, hat meistens schönes Haar. Aber manchmal muss man vielleicht ein wenig nachhelfen. Katzen zum Beispiel wissen, wie wichtig die Haarpflege ist. Unsere süßen Stubentiger schlafen nicht nur mehr als den halben Tag, ein Drittel vom Rest verwenden sie auf die Haarpflege. Sie lecken und putzen sich mit Ausdauer und großem Vergnügen und verteilen dabei wichtige Öle und Fette im Haar.

Das können wir auch. Wir nehmen Rosmarin-Öl (siehe Seite 74) auf die Fingerspitzen und massieren es in die Kopfhaut ein, sanft und ausdauernd. Von dort verteilt es sich beim Kämmen und Bürsten ganz von allein auf den Haaren, belebt die Kopfhaut und sorgt für feinen Glanz.

Sanfte Massage mit Body Scrub

Keine Zeit gehabt, die Haut zu pflegen? Ist eine Grundreinigung fällig? Körperpeeling ist ebenfalls ein altes Kulturgut, schon die alten Griechen pflegten ihre Haut mit Öl-und Sand-Gemischen.

Frische Karotten, grob geraspelt, mit grober Heilerde und grobem Meersalz mit Olivenöl zu einer Paste mischen. Sanft aufstreichen. Eine Viertelstunde wirken lassen und dann vorsichtig abwaschen.

Karotten haben mit ihrem vielen Vitamin A äußerst positiven Einfluss auf die Haut, wirken regenerativ und halten die Haut elastisch. Außerdem haben sie den wunderbaren Nebeneffekt, dass bei regelmäßiger Anwendung das Gesicht eine herrlich frische Farbe bekommt, so, als hätte man gerade einen sonnigen Kurzurlaub hinter sich.

Schein und Sein

Mein Kind, es sind allhier die Dinge,
gleichwohl, ob große, ob geringe,
im Wesentlichen so verpackt,
dass man sie nicht wie Nüsse knackt.

Wie wolltest du dich unterwinden,
kurzweg die Menschen zu ergründen.
Du kennst sie nur von außenwärts,
du siehst die Weste, nicht das Herz.

WILHELM BUSCH

Spiegel der Seele

Was ist erfrischender, als sich nach einem schwierigen Gespräch die Stirn und den Nacken mit einem guten Duftwasser abzureiben? Höchstens ein Bad im Bergsee – aber wer hat schon einen Bergsee oder wenigstens eine Dusche im Büro?

Duftwasser wird erst wirklich wirkungsvoll durch seine Kombination von Alkohol und Öl. Der Alkohol verdunstet auf der heißen Haut und kühlt, das Öl hüllt unsere Haut in seinen Duft und macht sie geschmeidig. Und der Duft belebt und versetzt uns in Stimmung.

Und so wird Duftwasser gemacht:

Die beste Grundlage für selbst gemachtes Duftwasser ist das, was die Russen zärtlich ihr »Wässerchen« nennen, also Wodka. Er ist rein, wenn er gut ist, und hat keinen Eigengeruch. Aber mit Obstbrand geht es auch.

Die Kräuter, die dazukommen, die Blüten oder Blätter, werden in ein Schraubglas gelegt, mit dem Alkohol bedeckt und dürfen eine Woche im dunklen Keller im »Wässerchen« ruhen. Der Apotheker nennt das eine Mazeration, das heißt, die Duftöle der Pfanzen werden kalt ausgezogen.

Ist die Mischung nach einer Woche noch ansehnlich, wird sie in eine hübsche Flasche gefüllt. Ansonsten einfach durch einen Kaffeefilter gießen, natürlich auch in eine hübsche Flasche oder in einen kleinen Flakon.

Es gibt Düfte, frisch wie Kinderwangen,
süß wie Oboen, grün wie junges Laub,
verderbte Düfte, üppige, voll Prangen
wie Weihrauch, Ambra, die zu uns im Staub
den Atemzug des Unbegrenzten bringen
und unserer Seele höchste Wonnen singen.

CHARLES BAUDELAIRE

Rezepte für feine Duftwässer:

Blütenduft 4 Tassen duftende Blütenblätter (nach Belieben)

3 Tassen destilliertes Wasser

1 Tasse Wodka

Kräuterduft 4 Tassen duftende Kräuter (nach Belieben)

2 Tassen destilliertes Wasser

1 Tasse Wodka

Lavendelduft 4 Tassen Lavendelblüten

2 Tassen destilliertes Wasser

1 Tasse Wodka

Rosenwasser 6 Tassen Rosenblütenblätter (so rot und duftend wie möglich)

2 Tassen destilliertes Wasser

1 Tasse Wodka

2 – 3 Tropfen echtes Rosenöl können zugefügt werden. Echtes Rosenöl ist sündhaft

teuer. Künstliches Rosenöl ist zwar billiger, hält aber dem Vergleich nicht stand.

Gesichtsmaske

Die Haut reagiert auf äußere Einflüsse viel stärker, als wir glauben. Ärger im Büro und zu Hause, dicke Dämpfe, gemeine Gerüche, starke Sonnenstrahlung und falsche Ernährung werden meistens in ihrer Wirkung unterschätzt.

Und da das Gesicht der »Spiegel der Seele« ist, wie Cicero sagte, wie viel »verrät« es dann eben auch, um es mit Dante auszudrücken, über die »Stimmung unseres Herzens«!

Gesichtsmaske für normale Haut:

10 Salbeiblätter im Mörser zerstoßen oder im Mixer zerhacken.

1 Apfel, ausgestochen und geschält, zerstoßen oder zerhackt.

Zusammen mit 1 Esslöffel Honig zu einer Paste rühren (Honig hat heilende Kräfte).

Auftragen, 15 Minuten wirken lassen, lauwarm abwaschen.

Wenn die Haut Erholung braucht:

2 Esslöffel hochkonzentrierten Pfefferminztee mit

½ Würfel Backhefe verrühren.

Auf Hals und Gesicht auftragen, 15 Minuten wirken lassen, lauwarm abwaschen.

Petersilienmaske für stark fettende Haut:

1 Bund Petersilie mixen oder im Mörser zerstoßen.

Mit der gleichen Menge Eiweiß mischen.

Auftragen, 15 Minuten wirken lassen, mit kaltem Wasser abwaschen.

Reinigungslotion

Waschen ist Kultur. Waschen ist Reinigung von außen und innen. Waschen ist Ritus. In vielen Religionen gehört die Waschung nicht nur zum Tagesablauf, sondern sie zeigt, dass man sich auf etwas Wichtiges vorbereitet.

Grundrezept für eine wunderbar erfrischende Reinigungslotion:

Eine Handvoll frischer Veilchenblüten in 250 ml heißer Milch ziehen lassen, dabei nicht köcheln lassen.

Abkühlen lassen, filtern, abfüllen und höchstens eine Woche im Kühlschrank aufbewahren.

Reinigungslotion wird mit einem Wattebausch aufgetragen, sanft einmassiert und ebenso sanft wieder abgewaschen.

Und es gibt noch viele Varianten:

Kamille heilt.

Lindenblüten glätten Falten.

Holunderblüten bleichen.

Petersilie bleicht ebenfalls.

Schafgarbe hilft bei fettiger Haut und beugt Gesichtsäderchen vor.

Veilchen duften wunderbar und helfen bei Flecken.

Ringelblume verkleinert die Poren.

Rosmarin belebt.

Salbei verkleinert Poren und strafft die Haut.

Thymian desinfiziert.

Abschiedsgruß

Rosmarin und Salbeiblättchen
schenk ich dir zum Abschiedsgruß,
und dies sei mein letzt' Gedenken,
weil ich dich verlassen muss.

Was mich drückt,
ich darf's nicht sagen,
muss verschweigen meine Bei'n,
darf mein Elend niemand klagen,
muss dabei noch fröhlich sein.

Warst mir treu so viele Jahre,
hast mir viel zu lieb getan,
meine Äugelein, die fließen,

dass ich nichts mehr sagen kann.

FRIEDRICH SILCHER

Der Rosmarin

lat.: Rosmarinus officinalis

Der Duft von Rosmarin stimmt selbst die Götter milde, und den Gott des Meeres nun schon allemal, sonst würde der Strauch mit seinen meeresblauen Blüten nicht Ros-Marinus heißen, »Tau des Meeres«. Der Rosmarin ist also eine göttliche Pflanze. Die herrlich duftenden Kränze aus Rosmarin hat Weingott Dionysos natürlich selbst erfunden, wie es heißt. Denn Rosmarin beflügelt das Selbstwertgefühl und belebt den Körper. Außerdem soll der starke Geruch des Rosmarins das Gedächtnis stärken. Darum trugen Studenten im Altertum Rosmarinzweige bei den Prüfungen.

Rosmarin beruhigt die Nerven. Darum ist er ein vorzügliches Küchengewürz. Frisch, getrocknet und als Öl gehört Rosmarin in jede Küche – zu Lamm und Kaninchen, zu Fisch und Kartoffeln, zu Käse und im Frühstücksgelee.

Den Rosmarin lasse ich über meine Gartenmauern wachsen,
nicht nur, weil meine Bienen ihn lieben, sondern auch,
weil es das der Erinnerung und Freundschaft geweihte Gartenkraut ist.
Schon ein Zweiglein von ihm spricht eine stumme Sprache.

THOMAS MORUS

Der Salbei

lat.: Salvia officinalis

Salbei stammt aus dem Mittelmeerraum und sein Name ist Programm. »Salvere« bedeutet »gesund sein«. Vielleicht sind es die sanftgrünen Blätter mit dem silbrigen Flaum, die gleich Vertrauen erwecken. Vielleicht ist es der unverkennbare Duft: Salbei ist einzigartig.

Salbei heilt den Körper innen und außen. Salbei hilft der Verdauung und den inneren Organen. Salbei fördert die Durchblutung und mindert übermäßigen Schweiß.

Und in der richtigen Dosis ist Salbei viel süßer, als er scheint – seine Bitterstoffe machen ihn nur wertvoller. »Wer Salbei im Garten hat, muss nicht sterben«, schrieben schon die Ärzte des Mittelalters.

Der Thymian

lat.: Thymus vulgaris

Gesammelt wird das Kraut während der Blüte, am besten während der Mittagsstunden. Thymian lässt sich wunderbar trocknen. Dann die Blättchen von den Zweigen streifen und gut verschlossen aufbewahren.

Kraft und Mut bedeutet »hymos« im Griechischen und zeigt, dass seine Gerb- und Bitterstoffe und vor allem das Thymol eine starke Wirkung haben. Wenn es in den Atemwegen pfeift, wenn wir heiser sind und husten, hilft Thymian-Tee. Er löst Verspannungen und Krämpfe im Gedärm. Denn Thymian tötet selbst hartnäckige Keime.

Und: Thymian-Sträußchen an Tür und Fenster schützen ganz sicher vor bösen Mächten!

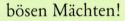

Vitamine für alle Lebenslagen

Die Erhaltung der Gesundheit
beruht auf der Gleichstellung der Kräfte.
Gesundheit dagegen beruht
auf der ausgewogenen
Mischung der Qualitäten.

HIPPOKRATES

Essen ist ein Bedürfnis, genießen ist eine Kunst.

FRANÇOIS DE LA ROCHEFOUCAULD

Es ist ja wirklich nicht egal, was wir essen. Unser Körper wird durch unsere Nahrung erhalten. Wer das Falsche isst, fühlt sich nicht wohl. Zu dick, zu dünn, immer müde und abgespannt oder ewig quirlig und ruhelos. Nun hilft die richtige Ernährung nicht immer, aber ohne die richtige Ernährung hilft alles nichts. So leicht, wie man sich zu Tisch setzt, soll man auch wieder aufstehen. Eigentlich ist es ganz einfach, denn wer intensiv und sinnlich speist, isst weniger.

Der eigene Garten kann dabei helfen, denn in der Würze liegt die Kraft. Was das Paradies so hergibt: Früchte, Kräuter, Blüten und – man staune – sogar ungeliebtes Unkraut werden zum Geschmackserlebnis. Mit wenig Aufwand können wir dem Essen all die feinen Gerüche und Gaumenkitzeleien geben, die aus der Nahrungsaufnahme erst ein Essen und einen unvergleichlichen Genuss machen. Und rund um die Mahlzeit an sich können wir uns mit vielen kleinen Extras ein ganz persönliches Wellness-Programm zusammenstellen.

Aperitif mit Blatt und Blüte

Und Wellness soll ja Spaß machen. Wie wäre es mit einem Gläschen Prosecco mit Kräutereinlage? Dann ist er auch ein bisschen gesund und der erfrischende Kick kommt natürlich aus unserem Garten.

Zunächst brauchen wir Läuterzucker, also reinen Zuckersirup, der sich auch in eisgekühlten Getränken gut auflöst. Und so geht das Grundrezept dafür: 100 g Zucker und 100 ml Wasser sanft erhitzen. Dann 10 – 15 g Kräuter oder Blüten darin 5 Minuten leise köcheln lassen, abkühlen, filtern, abfüllen. Fertig ist der Sirup.

Gut schmeckt Sirup aus Holunderblüten oder Pfefferminze, aus Waldmeister- oder Rosenblütenblättern (hier 200 g Blätter).

Zuerst einen Schuss Sirup ins Glas, mit eisgekühltem Prosecco oder – wer es ganz gesund haben möchte – mit Mineralwasser aufsprudeln. Noch ein Stück Eis ins Glas – und Prosit!

Was ja zu Deutsch passenderweise heißt: Es möge nützen!

Eine Schüssel voller Wohlbefinden

So eine richtig große, hübsch bunte, volle, duftende Salatschüssel ist schon eine Augenweide. Und wenn es dann noch schmeckt und guttut, dann hat sich unser Garten wieder einmal bei uns für die Pflege bedankt.

Also wird geschnippelt, was der Garten hergibt:

Grüne Gurken reinigen die Haut von innen, sie entwässern und sind hervorragende Feuchtigkeitsspender.

Kopfsalat beruhigt und gibt Spannkraft: Kopfsalat ist Kopfnahrung.

Knoblauch schlägt manchmal leider nicht nur Bakterien im ganzen Körper in die Flucht. Wer's sanfter mag, nimmt Bärlauch. Der hilft genauso gut, macht aber »geselliger«.

Kürbis – hauchfein geschnitten durchaus auch roh ein Genuss – entschlackt, verbessert die Haut und hilft bei Entzündungen.

Tomaten entschlacken ebenfalls, desinfizieren und beugen Sonnenbrand vor.

Zwiebeln desinfizieren, senken Blutdruck und Blutzuckerspiegel.

Borretsch hat wunderbare leuchtend blaue Blüten und stimmt
nicht nur deshalb fröhlich.

Kartoffeln entschlacken und schützen die Schleimhäute (gute alte Sorten mit
Aroma haben mehr Inhaltsstoffe).

Die Grüne Sauce

Die berühmte Frankfurter Grüne Sauce, die »Grie Soß«, das wusste der Legende nach schon Goethes Mutter, wird aus siebenerlei grünen Kräutern gemacht. Darum ist sie so gesund und erfreute eben nicht nur Goethes Gaumen mit ihrem wunderbaren Geschmack.

Während die Reichen mit exotischen Gewürzen um sich warfen, aßen »einfache Leut« eben Kräuter aus dem Garten und lebten dabei auch sehr vergnügt. Übrigens nicht nur in Frankfurt, in italienischer Variante zum Beispiel heißt die vielseitige grüne Geschmacksbombe »Salsa verde«, in Frankreich wird sie »Sauce verte« genannt.

kreutter sind der armen leute wurtz
zu allerlei speiß,
bringen lust zum essen,
dienen dem magen,
reitzen zu ehelichen wercken.

HIERONYMUS BOCK

Für Puristen sei hier die Zusammenstellung der »magischen sieben« des Frankfurter Klassikers genannt, bestehend aus:

Borretsch
Gartenkresse
Kerbel
Petersilie
Pimpinelle
Sauerampfer
Schnittlauch

Sieben sind es natürlich wegen der Zahlensymbolik.

Weniger strenge Köche nehmen auch noch Fette Henne, Geißfuß, Spinat, Estragon oder Dill dazu. Oder Blätter von Gänseblümchen, Löwenzahn oder Breitwegerich.

Und so geht's: Aus 3 EL Essig, 1 EL mildem Senf, Salz, Pfeffer, 1 Prise Zucker, 6 EL Öl und 250 g Crème fraîche eine Soße rühren, die Kräuter fein hacken und 1 Stunde sanft darin ziehen lassen (dabei nicht köcheln lassen).

»Grie Soß« schmeckt wunderbar zu gekochtem Fleisch,
pochierten Eiern, Bratkartoffeln, Pellkartoffeln
und auch zu Spargel. Blaue Borretsch-
und violette Schnittlauchblüten
machen sich übrigens
prachtvoll auf
dem satten
Saucen-
Grün.

Früchte, Farben, Fitness

Es ist fast nicht zu glauben, wie lecker Gesundes schmecken kann. Wer eine Schüssel Obstsalat verputzt, hat daran keine Zweifel mehr. Was die Wissenschaft erst vor wenigen Jahren erkannt hat, sind die sekundären Pflanzenstoffe, die Flavonoide, und ihre helfende Wirkung.

Die Pflanzen stellen solche Stoffe her, um sich selbst zu schützen, zum Beispiel vor Sonnenbrand. Meistens sitzen diese Flavonoide in den Farb- und Duftstoffen. Und sie räumen auf mit Infektionen, Bakterien und Keimen. Sogar krebserregende Stoffe, sogenannte freie Radikale, werden von ihnen bekämpft.

Fülle

Genug ist nicht genug! Gepriesen werde
der Herbst! Kein Ast, der seiner Frucht entbehrte!
Tief beugt sich mancher allzu reich beschwerte,
der Apfel fällt mit dumpfem Laut zur Erde.

Genug ist nicht genug! Es lacht im Laube!
Die saft'ge Pfirsche winkt dem durst'gen Munde!
Die trunknen Wespen summen in die Runde:
»Genug ist nicht genug!« um eine Traube.

Genug ist nicht genug! Mit vollen Zügen
schlürft Dichtergeist am Borne des Genusses,
das Herz, auch es bedarf des Überflusses,
genug kann nie und nimmermehr genügen!

CONRAD FERDINAND MEYER

Äpfel durchbluten das Zahnfleisch, geriebene Äpfel helfen gegen Magenverstimmung und bei Durchfall.

Birnen sind Spezialnahrung fürs Gehirn und verbessern die Konzentration.

Nicht nur blaue Augen sind attraktiv, der blaue Farbstoff in den **Blaubeeren** hilft den Augen, im Dunkeln besser zu sehen.

Brombeeren wehren feindliche Bakterien ab.

Erdbeeren helfen bei Gicht.

Weintrauben kräftigen, entschlacken und machen gute Laune.

Johannisbeeren, schwarze und rote, binden Gifte im Darm und führen ab.

Nach der Faustregel »je mehr Farbe, desto gesünder« ist der fast schwarze Saft der Holunderbeeren ein Geheimtipp: Abgekocht (Achtung: Frischsaft ist giftig!) hilft der Saft den Atemwegen, entgiftet den ganzen Körper und reinigt den Darm.

Ein Mund voll frischer Kirschen sorgt mit seinen Anthocyanen für Zahnhygiene und hält Haut und Nerven frisch.

Quittengelee hilft nicht nur als Süßungsmittel, sondern auch bei Durchfall.

Feigen führen ebenfalls ab, frische und getrocknete.

Vom Unkraut und von weisen Frauen

Es gibt weise Frauen, die der festen Meinung sind, jedes gute Kraut suche sich seinen Menschen. Und wenn dieser Mensch immer wieder ein bestimmtes Kraut im Garten findet, dann habe das schon seinen Grund. Aber das ist eine andere Geschichte.

Jedenfalls ist es ein absoluter Irrglaube und großer Fehler, alles das im Garten sofort auszurotten, was wir nicht beim Gärtner gekauft und gepflanzt haben. Wer würde schon eine Madonnenlilie ausreißen oder eine Petersilie? Aber bei Giersch, Löwenzahn und Konsorten halten wir es unbedingt für unsere Gärtnerpflicht!

Unkraut ist eine Pflanze,
deren Tugenden noch nicht entdeckt wurden.

RALPH WALDO EMERSON

Giersch oder Geißfuß hat so viel Vitamin C wie Paprika oder Zitronen und schmeckt in frischer Limonade, im Brötchenteig oder grünen Salat.

Brennnesselblätter entschlacken und entgiften, reinigen das Blut. Blanchiert und klein gehackt schmecken sie vorzüglich im Nudelteig.

Brombeerblätter tun den Atemwegen gut. Rebhühner kennen diese Vitamin-C-Bombe und picken im Winter sehr gern daran.

Löwenzahnblätter, jung und zart, sind ein bewährtes Mittel zur Entschlackung im Frühjahr und wirken besonders stark harntreibend.

Sauerampferblätter, jung und zart, geben Salaten einen frischen Geschmack.

Essig, fein und edel

Es gibt ja Leute, die machen sogar ihren Essig selber – aber davon ein andermal. Wir wollen guten Essig verbessern, verfeinern, veredeln.

Der bekannteste Essig bei uns ist sicher der Kräuter-Essig. Aber – selbst wenn es draufsteht, kein Mensch schmeckt die einzelnen Kräuter heraus. Da ist es für eine feine Küche natürlich besser, dem Essig selbst eine Note zu geben. Damit bekommt jedes Dressing in der Küche seinen eigenen Pfiff, jedes Gericht seinen besonderen Duft – das macht Vergnügen auf der Zunge und im Kopf.

Als Grundstoff eignen sich Wein- und Obstessige. Auch eine Flasche Essig-Essenz lässt sich nach Anweisung verdünnen und mit den besten Kräutern ansetzen. Aber hier gilt ebenfalls die alte Regel, dass aus keiner Flasche mehr Qualität herauskommen kann, als man hineingetan hat.

Basilikum-Essig

2 lange Stängel Basilikum und 2 kleine Knoblauchzehen in eine Flasche Essig stecken und 2 Wochen ins sonnige Fenster stellen. Dann für die Küche möglichst dunkel stellen.

Estragon-Essig ist wohl der bekannteste Würzessig. Sehr fein im Ton und für manche Gerichte unverzichtbar. Dafür 2 bis 3 Stängel französischen Estragon in einer feinen Flasche am Fenster 2 Wochen ausziehen lassen.

Kapuzinerkresse-Essig 2 Handvoll Kapuzinerkresseblüten vorsichtig in eine hübsche Flasche hineingeben, dabei die Blüten nicht beschädigen. Sanft mit Essig aufgießen und ins Fenster stellen.

Schwarzer-Johannisbeer-Essig gibt mit seiner tiefroten Farbe auch dem blassesten Salat Farbe und Charakter.

It's Teatime!

Die weisen chinesischen Ärzte haben in ihrer ganzheitlichen Medizin eine eigene Therapieform entwickelt, die sich allein auf rund 2000 verschiedene Tees stützt und ihre speziellen Mischungen – aber das ist eine andere Geschichte. Tee wärmt, Tee entspannt oder möbelt auf, Tee ist eigentlich immer richtig, nicht wahr?

Es hat schon seinen Reiz, wie eine weise Frau durch den Garten zu gehen und hier ein Blättchen abzuknipsen, dort eine Ranke zu pflücken oder ein paar Wurzeln auszuheben. Schließlich ist es doch für einen guten Zweck, es ist zum Wohlfühlen.

Der Körper funktioniert überhaupt nur, wenn er ausreichend mit Flüssigkeit versorgt wird.

Schon die Zeremonie mit Wasserkochen, Aufgießen, Ziehenlassen beruhigt die Nerven. Der Teeduft steigt verführerisch in die Nase. Die Wärme der Tasse beruhigt den Magen – und klamme Hände. Und die Inhaltsstoffe sind ja auch noch da.

Es gibt verschiedene Arten, einen guten Tee zu kochen:

Der Aufguss

So werden die meisten Tees zubereitet.

1 gehäufter Teelöffel Tee pro Tasse wird mit kochendem Wasser begossen,
darf eine Viertelstunde ziehen und wird warm getrunken.
In speziellen Teetassen mit Sieb und Deckel bleiben die ätherischen Öle
besonders gut erhalten.

Die Abkochung

Sie holt aus harten Stängeln, Rinden und dicken Blättern die Inhaltsstoffe heraus.
1 gehäufter Teelöffel Tee wird mit kaltem Wasser aufgekocht und eine Viertelstunde
geköchelt.

Der kalte Auszug

So werden aus zarten Blüten wie Rosen oder Malven besonders schonend Tees gemacht.

2 gehäufte Teelöffel Tee werden mit kaltem Wasser begossen und sollen
4 bis 6 Stunden ziehen.

Wenn dir kalt ist, wird Tee dich wärmen,
wenn du erhitzt bist, wird er dich kühlen,
wenn du bedrückt bist, wird er dich aufheitern,
wenn du erregt bist, wird er dich beruhigen.

WILLIAM EWART GLADSTONE

Basilikum-Tee duftet wunderbar und hilft beim Abspecken. Eine Handvoll Blätter, frisch und klein geschnitten, mit 500 ml heißem Wasser übergießen. Eine Viertelstunde ziehen lassen.

Melissen-Tee wirkt bei Unruhe und Abgespanntheit, bei nervösen Magen- und Kopfschmerzen, kurz: bei Stress.

Birkenblätter-Tee reinigt mit seinen Bitter- und Gerbstoffen, seinen Ölen und Harzen das Blut.

Haselnussblätter-Tee stärkt die Venen genauso wie der gute Haselstecken beim Wandern die Waden. Und der Tee unterstützt beim Abspecken! Auch wie beim Wandern. Jeden Tag getrunken, dämpft Haseltee den Hunger.
Übrigens wirkt der Sud auch wunderbar erholsam als Wadenwickel, ganz besonders an heißen Tagen. Eine Handvoll frische Blätter in 1 l Wasser abkochen, abkühlen lassen und abseihen. Ein getränktes Handtuch um die müden Beine kühlt und hilft den Venenklappen.

Brombeerblätter-Tee hilft bei Magen- und Darmkatarrh und hat enorm viel Vitamin C! Eine Handvoll Blätter, frisch und klein geschnitten, mit 500 ml heißem Wasser übergießen. Eine Viertelstunde ziehen lassen.

Kamillenblüten-Tee wird für reine Haut getrunken und lindert Magenprobleme.

Lavendel-Tee fördert die Heilung von Abszessen.

Pfefferminz-Tee erfreut sich im ganzen Orient und in Nordafrika allerhöchster Beliebtheit. Kein Wunder, denn das Menthol in der Pfefferminze kühlt. Es beruhigt und belebt Magen und Darm und dämpft Übelkeit.

Walnussblätter-Tee hilft gegen Pickel, Akne und Hautreizungen.

Tannennadel-Tee reinigt das Blut und erleichtert das Atmen.
Einen gehäuften Teelöffel, möglichst frische Nadeln, gut gewaschen mit 250 ml Wasser 3 Minuten kochen, dann abseihen. Abends wirkt der Tee besonders gut.

Ein Gläschen in Ehren

Alkohol ist nicht nur ein Geschmacksträger, er ist ein ausgezeichneter Geschmackslöser. Und wer aus Kräutern und Früchten, aus Beeren, Blättern und Blüten das Beste herauslösen will, dem kommt der Alkohol gerade recht. Nicht zufällig hat ein bekannter Melissengeist, von braven Klosterfrauen erdacht, sagenhafte 80 Volumenprozent Alkohol. Da entfaltet schon ein kleines Gläschen seine volle Wirkung.

Iss, was gar ist,
trink, was klar ist,
red, was wahr ist.

MARTIN LUTHER

Wir lassen es sanfter angehen. Ein schlichter Schnaps von 40 Volumenprozent reicht gut und gern, um an das Beste der Früchte und Kräuter zu kommen. Auch hier ist Mazeration der rechte Weg; schon kalt ausgezogen geben uns die meisten Pflanzen ihre Wirkstoffe und müssen für den Hausgebrauch nicht destilliert werden.

Auch wenn man es nicht glaubt, Lagerzeit nimmt alle Schärfe, rundet ab, kurz – verbessert die Qualität. Man kann durchaus den Jahrgang auf der Flasche notieren und später Jahrgänge vergleichen. Qualität ist immer auch eine Frage des Alters.

Wer es milder mag, wie etwa Hildegard von Bingen, wärmt Kräuter oder Beeren im Wein. So ein Würzwein ist schnell gemacht, wärmt beinahe besser als Tee und ist so gut wie alkoholfrei, weil der Alkohol schnell verkocht ist.

Der Holunderblüten-Likör stärkt das Immunsystem und verbessert so das Wohlbefinden – nicht nur zur Winterzeit.

750 g Holunderbeeren, gut gewaschen und abgetrocknet, eine Flasche Wodka und den Saft einer halben Zitrone in eine Flasche füllen und 2 Monate lang auf eine sonnige Fensterbank stellen. Dann filtrieren, dabei gut ausdrücken.

200 g Zucker in wenig Wasser auflösen, dazugießen und das Ganze ein paar Monate zum Reifen in den Keller stellen.

Ein Wacholder-Likör entwässert und hilft bei Gelenkschmerzen und Rheuma. »Trink Kranewitt, dann stirbst du nit«, heißt es im kalten Norden. Kranewitt ist einer der vielen Namen für Wacholder oder Genever oder Gin. Und man erzählt sich, dass selbst bitterarme schottische Auswanderer ein paar Wacholderbeeren mit in die Neue Welt nahmen …

Ein Salbei-Likör hilft Magen, Darm und »überhaupt«. Dieser Likör »Miracle« macht selbst Tote lebendig, heißt es in der Provence. Das sollte der Mühe wert sein.

Ein Tannenspitzen-Likör beruhigt und hilft einzuschlafen. Statt Zucker zum Süßen wunderbar: ein paar Esslöffel Tannenhonig.

Schöner Aberglaube

Angelika-Schnaps macht kugelsicher und erringt den Sieg.

Vor Haberstroh und Dille, da schweigen die Gerichtsherrn stille.
Wir haben es geahnt, bei manchen Urteilen geht es nicht mit rechten Dingen zu!

Die ersten drei Erdbeerblüten im Jahr machen frei vom Fieber.

Der Kleeblatt-Klassiker. Aber vierblättrig muss er sein! Dann ist er ein
Glücksbringer und ein gutes Vorzeichen.

Wer einen Kranz von Brombeer-Wurzeln in den Hut legt, dem zeigen sich
zu Pfingsten alle Hexen – denn sie tragen ein Fässchen auf dem Kopf.

Wer am Lungenkraut riecht, kriegt Sommersprossen.
Ob das erwünscht ist oder nicht, ist natürlich eine Mode-Frage.

Schlüsselblumen vertreiben das Stottern,
wenn man nur fest daran glaubt.

Wer Tausendgüldenkraut, am Johannistag gebrochen, in der Tasche trägt,
hat keine Geldsorgen mehr. Für Männer interessant: Außerdem zieht er die Frauen
magisch an.

Der Schachtelhalm. Wer gerade einmal Gold braucht, kann es ja versuchen:
Am Wurzelstock sollen nämlich Goldklumpen hängen. Aber der Wurzelstock
geht oft sehr tief – bis zu einem Meter!

Veilchen-Kompressen helfen nicht nur bei Akne und juckender Haut.
Wer die ersten drei Veilchen des Jahres isst, ist gegen Krankheit gefeit.

Wacholder hilft dem gegen Epilepsie, der an Mariä Himmelfahrt 14 Wacholderbeeren sammelt und bei sich trägt.

Der Gärtner an den Garten im Winter

Eine Idylle

In Silberhüllen eingeschleiert
steht jetzt der Baum
und strecket seine nackten Äste
dem Himmel zu.

Wo jüngst das reife Gold des Fruchtbaums
geblinket, hängt
jetzt Eis herab, das keine Sonne
zerschmelzen kann.

Entblättert steht die Rebenlaube,
die mich in Nacht
verschloss, wenn Phoebus flammenatmend
herniedersah.

Das Blumenbeet, wo Florens Töchter
in Morgenrot
gekleidet Wohlgeruch verhauchten,
versinkt in Schnee.

Nur du, mein kleiner Buchsbaum, pflanzest
dein grünes Haupt
dem Frost entgegen und verhöhnest
des Winters Macht.

Mit Goldschaum überzogen, funkelst
du an der Brust
des Mädchens, das die Dorfschalmei
zum Tanze ruft.

Ruh sanft mein Garten, bis der Frühling
zur Erde sinkt
und Silberkränze auf die Wipfel
der Bäume streut.

Dann gaukelt Zephyr in den Blüten
und küsset sie
und weht mir mit den Düften Freude
in meine Brust.

LUDWIG CHRISTOPH HEINRICH HÖLTY

In einigen Fällen war es nicht möglich, für den Abdruck der Texte
die Rechteinhaber zu ermitteln. Honoraransprüche der Autoren,
Verlage und ihrer Rechteinhaber bleiben erhalten.

© 2008 arsEdition GmbH, München
Alle Rechte vorbehalten
Fotografie Cover: mauritius images, Mittenwald
Fotografien Innenteil: Alfred Karpf, München
Grafische Gestaltung im Innenteil: Eva Schindler, Ebersberg
ISBN 978-3-7607-3197-1
Printed by Tien Wah Press

www.arsedition.de